Libro de cocina de batidos saludables

50 DELICIOSAS RECETAS PARA BAJAR EL NIVEL DE AZÚCAR EN SANGRE

Adriana Perez

Reservados todos los derechos.

Descargo de responsabilidad

La información contenida i está destinada a servir como una colección completa de estrategias sobre las que el autor de este libro electrónico ha investigado. Los resúmenes, estrategias, consejos y trucos son solo recomendaciones del autor, y la lectura de este libro electrónico no garantiza que los resultados de uno reflejen exactamente los resultados del autor. El autor del eBook ha realizado todos los esfuerzos razonables para proporcionar información actualizada y precisa a los lectores del eBook. El autor y sus asociados no serán responsables de ningún error u omisión no intencional que se pueda encontrar. El material del eBook puede incluir información de terceros. Los materiales de terceros forman parte de las opiniones expresadas por sus propietarios. Como tal, el autor del libro electrónico no asume responsabilidad alguna por el material u opiniones de terceros.

El libro electrónico tiene copyright © 2021 con todos los derechos reservados. Es ilegal redistribuir, copiar o crear trabajos derivados de este libro electrónico en su totalidad o en parte. Ninguna parte de este informe puede ser reproducida o retransmitida de forma reproducida o retransmitida en cualquier forma sin el permiso expreso y firmado por escrito del autor.

Tabla de contenido

Introducción 7
1 batido verde 8
2. Mejor batido de fresa 9
3. Batido de plátano con mantequilla de maní 11
Batido de fresa, plátano y espinaca 13
5. Batido de bayas triples 16
6 batido saludable de proteína de plátano 18
7. Batido de fresa y plátano con mantequilla de maní .. 21
9. El mejor batido de proteínas de chocolate 24
10. El mejor batido de calabaza 26
11 Batido de proteína BANANA de fresa 28
12. Batido de arándanos y plátano 30
13 Starbucks Mocha Frappuccino 32
14. Batido verde de mantequilla de maní 36
15 Batido de plátano matcha 38
16. Batido de proteína de dátiles con chocolate oscuro 39
17 Batido cremoso de semillas de chía y fresa 41
18. Batido de plátano 43
19 Tazón de batido verde de granada + próximos 45
viajes 45

20 Tazón de batido de tarta de manzana 47

21 Batido de espinacas y arándanos 49

22 Batido de proteína de jalea y mantequilla de maní ... 51

23 Batido de manzana 53

24 Batido de fresa y piña 57

25 Batido de crema de naranja mágica 60

26 Batido saludable de chocolate con mantequilla de maní 62

27 Tazones para batidos de arándanos y dátiles 64

28 Batido de mango 65

29 Batido de col rizada 67

30 Batido de mango con leche dorada 69

31 Batido de tarta de zanahoria 71

32 Batido de manzana y caramelo verde 74

33 Batido de avena 76

34 Batido de dátiles de arándanos 78

35 Batido de remolacha 81

36 Batido de bayas y cúrcuma 83

37 Batido de aguacate y manzana limpiadora 86

38 Batido de coco, chocolate y menta con chispas 90

39 Tazón de batido de bayas de maqui 92

40 Bocaditos crujientes de chocolate y almendras 94

41 Batido de toronja 97

42. Batido de camote morado pálido [icon coliflor!]......99
43 Batido de proteína de calabaza tailandesa [isin polvo!] 100
44 Batido cremoso de jengibre y cítricos....................103
45 Batido de dátiles con canela, cereza y bayas..........104
46 Batido de superalimento de energía púrpura..........107
47 PAQUETE DE CONGELADOR BATIDO 109
ANTIOXIDANTE..109
48 BATIDO DE CAFÉ CON PLÁTANO..........................112
49 BATIDO DE FRUTAS DE VERANO DE SÚPER ALIMENTOS..114
50 PAQUETE DE CONGELADOR BATIDO 117
ANTIINFLAMATORIO..117
CONCLUSIÓN 119

Introducción

Una receta de batido es una bebida hecha con puré de frutas y / o verduras crudas, usando una licuadora. Un batido a menudo tiene una base líquida como agua, jugo de frutas, productos lácteos, como leche, yogur, helado o requesón.

1 batido verde

1 aguacate mediano congelado

1 taza de espinacas empacadas

- 1 taza de plátano congelado en rodajas
- 1 cucharada de lino molido
- 1/4 taza de floretes de coliflor congelados
- 3 dátiles Medjool sin hueso
- 1.25 tazas de leche de almendras sin azúcar (o más, al gusto)

INSTRUCCIONES

1. Coloque todos los ingredientes para su batido verde en una licuadora de alta velocidad o Vitamix y mezcle hasta que quede suave.

2.Mejor batido de fresa

INGREDIENTES

- ❖
- ❖

tazas de fresas enteras congeladas

- 1/2 plátano mediano
- ❖ 1/2 taza de yogur griego natural sin grasa
- ❖ 1 taza de jugo de naranja 100%

INSTRUCCIONES

1. Coloque todos los ingredientes en una licuadora de alta velocidad y mezcle a fuego alto hasta que quede suave.
2. Opción de agregar un poco más de jugo de naranja dependiendo de qué tan espeso / delgado le gusten sus batidos.
3. Servir inmediatamente.

3.Batido de plátano con mantequilla de maní

INGREDIENTES

-
-

2 tazas de plátanos rebanados congelados

1/2 taza de yogur griego descremado

- ❖ 1/2 cucharada de semillas de lino molidas
- ❖ 1 taza de leche de almendras sin azúcar
- ❖ 1 cucharadita de extracto de vainilla
- ❖ 2 cucharadas de mantequilla de maní totalmente natural

INSTRUCCIONES

1. Coloque todos los ingredientes en una licuadora de alta velocidad.
2. Licue a fuego alto hasta que quede suave. Agregue más leche de almendras según sea necesario.
3. Servir inmediatamente.

Batido de fresa, plátano y espinaca

INGREDIENTES

-
-

INGREDIENTES

Para las bolsas de batidos de preparación de comidas

- ❖ 2 tazas de plátanos rebanados congelados
- ❖ 2 tazas de fresas enteras congeladas
- ❖ 4 tazas de espinaca fresca
- ❖ 4 cucharaditas de semillas de chía

Para servir (para 1 ración)

- ❖ 2 cucharadas de proteína de vainilla en polvo (de cualquier tipo)
- ❖ 1/2 taza de leche de almendras sin azúcar

INSTRUCCIONES

Para la bolsa

1. Primero, forre una bandeja para hornear con papel pergamino. Luego, distribuya uniformemente 2 tazas de plátanos en rodajas, 2 tazas de fresas enteras. Coloque en el congelador durante aproximadamente 2 horas o hasta que esté completamente congelado.

2. Luego, tome 4 bolsas para congelador de un cuarto de galón y escriba la fecha y el Batido de fresa y plátano verde en el frente. Agregue 1 taza de fruta congelada, un puñado de espinacas y una cucharadita de semillas de chía a cada bolsa.

3. Antes de sellar, asegúrese de exprimir la mayor cantidad de aire posible para evitar quemaduras en el congelador. Selle y coloque en el congelador para su uso posterior.

Para Licuar (para 1 porción)

4. Una vez que esté listo para licuar, vacíe el contenido de la bolsa de licuado de espinacas en una licuadora de alta velocidad.

5. Luego, agregue aproximadamente 1/2 taza de leche de almendras y 2 cucharadas de su proteína en polvo favorita.

6. Licue a fuego alto durante aproximadamente 1 minuto o hasta que todo esté mezclado.

5.Batido de bayas triples

INGREDIENTES

- ❖ tazas de mezcla de bayas triple congelada
- ❖ 1 plátano mediano congelado
- ❖ 1/2 cucharada de semillas de chía
- ❖ 1/4 taza de proteína de vainilla en polvo
- ❖ 1,25 tazas de leche de almendras sin azúcar

INSTRUCCIONES

2. Coloque todos los ingredientes en una licuadora de alta velocidad y mezcle hasta que quede suave.

6 batido saludable de proteína de plátano

INGREDIENTES

- ❖ ¾ taza de yogur griego descremado, congelado en cubos

- ❖ 2 tazas de plátanos rebanados congelados

- ❖ 1 cucharadita de extracto de vainilla

- ¼ de taza de proteína de vainilla en polvo (usamos proteína orgánica cruda Garden of Life)

- 2 tazas de leche, de cualquier tipo (usamos Almond Breeze Unsweeze Vanilla Almond Milk)

INSTRUCCIONES

1. Primero, congele ¾ de taza de yogur griego descremado en una bandeja para cubitos de hielo.

2. Una vez que el yogur griego se haya congelado por completo, coloque todos los ingredientes para un batido de plátano saludable en una licuadora de alta velocidad.

3. Licue hasta que quede suave y sirva con sus ingredientes favoritos.

7. Batido de fresa y plátano con mantequilla de maní

INGREDIENTES

-
-
  - 1 taza de fresas congeladas
  - 1 taza de plátano en rodajas congelado
- 1/4 taza de yogur griego natural sin grasa
- 2 cucharadas de mantequilla de maní cremosa totalmente natural
- 1 cucharada de semillas de lino molidas
- 1 cucharadita de extracto de vainilla
- 1 taza de leche de almendras sin azúcar

INSTRUCCIONES

1. Coloque todos los ingredientes en una licuadora de alta velocidad y mezcle hasta que quede suave.
2. Sirva con un chorrito de mantequilla de maní y fruta fresca.

8. Batido de calabaza y bayas

2 cucharadas de puré de calabaza

1 cucharada de mantequilla de anacardo

- ❖ 1 taza de arándanos congelados
- ❖ 1/2 plátano congelado
- ❖ 1/2 cucharada de harina de semillas de lino
- ❖ 1/2 cucharadita de especias para pastel de calabaza

INGREDIENTES

-
-
- 1 taza de leche de almendras sin azúcar

INSTRUCCIONES

1. Coloque todos los ingredientes en una licuadora de alta velocidad y mezcle a fuego alto hasta que quede suave.

2. Raspe los lados de la licuadora y agregue más leche de almendras (1 cucharadita a la vez) si el batido es demasiado espeso. Mezclar hasta que esté suave.

3. ¡Sirva con granola casera o aderezos de frutas y disfrútelo!

9. El mejor batido de proteínas de chocolate

1 taza de arándanos congelados

1 plátano mediano congelado

- ❖ 1/4 taza de proteína de chocolate en polvo (ide cualquier tipo!)
- ❖ 1 cucharada de cacao en polvo
- ❖ 1/4 taza de yogur griego descremado
- ❖ 2 cucharadas de mantequilla de anacardo

INGREDIENTES

-
-
- 1/2 cucharada de linaza molida
- 1 taza de leche de almendras natural sin azúcar

INSTRUCCIONES

1. Coloque todos los ingredientes en una licuadora de alta velocidad.

2. Licue a fuego alto durante aproximadamente 1 minuto, deteniéndose para raspar los lados. Es posible que deba agregar más leche para diluir según sea necesario.

3. ¡Servir inmediatamente!

10. El mejor batido de calabaza

2 plátanos medianos congelados

1/2 taza de puré de calabaza sin azúcar

- 3/4 taza de café, frío (¡acabo de usar lo que sobró de la olla de la mañana!)

- 3/4 taza de leche, de cualquier tipo

- 1/2 cucharadita de especias para pastel de calabaza

- 1 cucharadita de sirope de arce

INGREDIENTES

❖

❖

INSTRUCCIONES

1. Coloque todos los ingredientes en una licuadora de alta velocidad.

2. Mezcle a fuego alto durante aproximadamente 1 minuto, deteniéndose para raspar los lados si es necesario.

3. Sirva inmediatamente con su cobertura batida favorita.

11 Batido de proteína BANANA de fresa

1.5 tazas de fresas enteras congeladas

1/2 taza de plátano en rodajas congelado

- 1/4 taza de proteína de vainilla en polvo (cualquier tipo funcionará)
- 1/3 taza de yogur griego descremado
- 1 taza de leche de almendras sin azúcar

INGREDIENTES

-
-
- Aderezo opcional: galletas Graham trituradas

INSTRUCCIONES

1. Coloque todos los ingredientes en una licuadora de alta velocidad y mezcle hasta que quede suave. Agregue más leche de almendras según sea necesario según sus preferencias.

12. Batido de arándanos y plátano

1 taza de arándanos congelados

1 taza de plátanos rebanados congelados

- ❖ 1 cucharada de harina de lino
- ❖ 1 taza de leche de almendras sin azúcar
- ❖ 1 cucharadita de extracto de vainilla

INGREDIENTES

-
-

INSTRUCCIONES

1. Coloque todos los ingredientes en una licuadora de alta velocidad y mezcle hasta que quede suave.

13 Starbucks Mocha Frappuccino

Ingredientes

- ❖ 1 taza de café negro fuerte frío
- ❖ 1/2 plátano mediano cortado en trozos y congelado
- ❖ 2 cucharadas de cacao en polvo sin azúcar
- ❖ 2 cucharadas de semillas de chía Bob's Red Mill Chia
- ❖ 1 cucharada de agave claro más adicional al gusto
- ❖ 2 cucharaditas de extracto puro de vainilla
- ❖ Hielo
- ❖ Opcional para servir: crema batida de coco con crema batida, virutas de chocolate, sirope de chocolate o mini chispas de chocolate

Instrucciones

1. Combine el café, el plátano, el cacao en polvo, las semillas de chía, el agave y el extracto de vainilla en el fondo de una licuadora.

2. Licue hasta que quede suave, alrededor de 30 segundos dependiendo de su licuadora, luego agregue un pequeño puñado de cubitos de hielo, licuando hasta que la mezcla se espese. Continúe agregando cubitos de hielo hasta que alcance la consistencia deseada (a mí me gusta el mío bastante espeso). Vierta en un vaso. Adorne como desee y disfrútelo de inmediato.

14.Batido verde de mantequilla de maní

INGREDIENTES

-
-
  - 2 tazas de plátanos congelados en rodajas
  - 3 cucharadas de mantequilla de maní totalmente natural
- 2 cucharadas de maní salado
- tazas de leche de almendras sin azúcar
- 1 taza de espinaca empacada

INSTRUCCIONES

2. Coloque todos los ingredientes para su batido en una licuadora de alta velocidad.
3. Licue a fuego alto durante 1-2 minutos o hasta que quede suave. Opción de agregar más leche de almendras para diluir las cosas según sea necesario.
4. Cubra con su cobertura favorita, como mantequilla de maní y maní tostado.

15 Batido de plátano matcha

1 taza de rodajas de plátano, congeladas

1 cucharadita de polvo de matcha (usamos ESTE de Matcha Reserve)

INGREDIENTES

-
-
- 1 taza de espinacas frescas, empacadas
- 2 cucharaditas de semillas de lino
- 1 cucharadita de extracto de vainilla
- 3/4 taza de leche de almendras sin azúcar (o más si es necesario)

INSTRUCCIONES

1. Coloque todos los ingredientes en una licuadora y mezcle hasta que quede suave.

16. Batido de proteína de dátiles con chocolate oscuro

2 plátanos congelados, medianos

3 dátiles medjool, sin hueso

- 1 taza de col rizada, deshuesada y picada
- 3 cucharadas de cacao en polvo oscuro
- 1/2 cucharadita de extracto de vainilla

INGREDIENTES

-
-
- 1 taza de leche de nueces de su elección

INSTRUCCIONES

1. Coloque todos los ingredientes en una licuadora de alta velocidad y mezcle hasta que quede suave.

17 Batido cremoso de semillas de chía y fresa

1 taza de fresas congeladas

1 plátano mediano

- ❖ 1/2 taza de yogur griego natural sin grasa
- ❖ 1 taza de leche de almendras sin azúcar
- ❖ 1/2 cucharadita de extracto de vainilla

INGREDIENTES

-
-
- 1 cucharada de semillas de chía

INSTRUCCIONES

1. Coloque todos los ingredientes en una licuadora o Magic Bullet y mezcle hasta que quede suave. Deje reposar unos minutos para que las semillas de chía puedan hacer su magia (expandirse y volverse viscosas). ¡Disfrutar!

18. Batido de plátano

2 tazas de plátanos rebanados congelados

1/2 taza de yogur griego natural sin grasa

- 1/2 cucharada de semillas de lino molidas
- 1 taza de leche de almendras natural sin azúcar
- 1 cucharadita de extracto de vainilla

INGREDIENTES

❖

❖

INSTRUCCIONES

1. Coloque todos los ingredientes en una licuadora de alta velocidad y mezcle a fuego alto hasta que quede suave. Opción de agregar más leche de almendras según sea necesario.

19 Tazón de batido verde de granada + próximos viajes

1/2 taza de fresas congeladas

1 plátano mediano congelado

- 1 taza de col rizada fresca, empacada
- 1/2 taza de yogur griego
- 1/2 taza de jugo de granada

INGREDIENTES

-
-
- 1/2 taza de agua
- 1 cucharada de proteína de vainilla en polvo (ide cualquier tipo!)
- coberturas: semillas de cáñamo, arilos de granada, pistachos y chocolate negro

INSTRUCCIONES

1. Coloque todos los ingredientes en un procesador de alimentos de alta velocidad y mezcle hasta que quede suave. Es posible que deba agregar un poco más de jugo de granada dependiendo de qué tan espesos le gusten sus batidos.

20 Tazón de batido de tarta de manzana

1 plátano congelado, pequeño

1/2 taza de yogur griego de vainilla sin grasa *

❖ 2/3 taza de salsa de manzana sin azúcar

❖ 1/4 taza de copos de avena **

INGREDIENTES

-
-
- 1 cucharadita de canela
- 1 cucharadita de extracto de vainilla
- 1/2 taza de leche de almendras sin azúcar
- opcional: un puñado de espinacas frescas o col rizada

INSTRUCCIONES

1. Coloque todos los ingredientes en una licuadora de alta velocidad. Mezclar hasta que esté suave.
2. ¡Sirve con muchas fijaciones encima!

21 Batido de espinacas y arándanos

1 plátano grande

1 taza de yogur griego descremado

❖ 1 taza de arándanos frescos

❖ 2 tazas de espinacas empacadas

❖ 1 taza de jugo de naranja 100%

INGREDIENTES

-
-
- 1 cucharadita de jengibre fresco, pelado y rallado
- 2-3 tazas de hielo

INSTRUCCIONES

1. Coloque todos los ingredientes en una licuadora de alta velocidad y mezcle hasta que quede suave.

22 Batido de proteína de jalea y mantequilla de maní

1 taza de bayas congeladas mixtas

1-2 cucharadas de mantequilla de maní totalmente natural

❖ 1/4 taza de proteína de vainilla en polvo (nos encanta Organic Valley) *

❖ 2 cucharadas de copos de avena

INGREDIENTES

-
-
- 1 taza de leche, de cualquier tipo

INSTRUCCIONES

1. Coloque todos los ingredientes en una licuadora y mezcle hasta que quede suave.

23 Batido de manzana

INGREDIENTES

-
  2 4 oz. tazas de salsa de manzana, congeladas *

- 1 taza de leche de almendras sin azúcar (o cualquier tipo de leche)

- 2 cucharadas de copos de avena

- 2 cucharadas de mantequilla de nueces (de cualquier tipo)

- 1 cucharadita de semillas de lino molidas

- 1 cucharadita de sirope de arce

- 1/4 de cucharadita de canela en polvo

INSTRUCCIONES

1. Primero, congele 2 4 oz. tazas de puré de manzana durante al menos 2 horas o durante la noche.

2. Una vez congeladas, coloque las tazas de puré de manzana con agua caliente durante unos segundos para retirarlas del plástico. Luego coloque en una licuadora de alta velocidad.

3. Agrega el resto de los ingredientes y tapa.

4. Licue a fuego alto durante alrededor de un minuto o hasta que quede suave.

24 Batido de fresa y piña

INGREDIENTES

- ❖ tazas de trozos de piña congelados

- tazas de fresas congeladas
- 1/2 taza de yogur griego de vainilla
- 1 cucharadita de extracto de vainilla
- tazas de leche de almendras, sin azúcar (o más al gusto)

INSTRUCCIONES

1. Coloque todos los ingredientes para su batido de piña y fresa en una licuadora de alta velocidad.

2. Licue a fuego alto hasta que quede suave. Dependiendo de qué tan congelada esté la fruta, es posible que deba agregar más leche de almendras.

3. Sirva con trozos de piña extra fresca en la parte inferior.

25 Batido de crema de naranja mágica

INGREDIENTES

1. 1 taza de rodajas de plátano congeladas
2. 1 cucharadita de extracto de vainilla
3. 1 taza de jugo de naranja 100%
4. opcional: 1/2 taza de hielo
5. opcional: 1 cucharada de proteína de vainilla en polvo, crema batida de coco, ralladura de naranja

INSTRUCCIONES

1. Coloque los plátanos congelados, el extracto de vainilla y el jugo de naranja en una licuadora de alta velocidad y mezcle hasta que quede suave.
2. Opción en este punto para agregar un puñado de hielo (dependiendo de la preferencia de grosor) y / u otros complementos como proteína de vainilla en polvo y ralladura de naranja fresca.

3. Licue una vez más y luego sirva inmediatamente.

26 Batido saludable de chocolate con mantequilla de maní

2 tazas de plátanos congelados en rodajas

INGREDIENTES

-
-
- 3 cucharadas de mantequilla de maní cremosa totalmente natural
- 1/4 taza de cacao en polvo
- 1 cucharada de linaza molida
- 1 taza de espinacas empacadas
- 1 taza de leche de almendras

INSTRUCCIONES

1. Saca los plátanos congelados del congelador y colócalos en una licuadora de alta velocidad.

2. A continuación, agregue el resto de los ingredientes a la licuadora y mezcle hasta que quede suave.

3. Si el batido es demasiado espeso, agregue lentamente una cucharada de leche de almendras a la vez hasta que el batido alcance la consistencia deseada.

27 Tazones para batidos de arándanos y dátiles

1 plátano, congelado

1 taza de arándanos congelados ❖

2 dátiles medjool

❖ 1 cucharada de semillas de chía

INGREDIENTES

-
-
- 1 taza de leche de almendras sin azúcar
- opcional: 1 cucharada de proteína de vainilla en polvo
- Ingredientes: dátiles medjool, kiwi, arándanos, coco desmenuzado y semillas de chía

INSTRUCCIONES

1. Coloque todos los ingredientes en una licuadora de alta velocidad y mezcle hasta que quede suave. Cubra con dátiles medjool picados, kiwi, arándanos, coco desmenuzado y semillas de chía.

28 Batido de mango

2 tazas de rodajas de mango congeladas

1 taza de 15 oz. puede encender leche de coco

❖ 1/2 cucharada de harina de linaza

❖ 1 plátano grande congelado

INGREDIENTES

-
-

INSTRUCCIONES

1. Coloque todos los ingredientes en una licuadora de alta velocidad.

2. Licue a fuego alto hasta que quede suave.

3. Come inmediatamente.

29 Batido de col rizada

2 tazas de plátanos congelados

2 tazas de col rizada picada empaquetada

- 1 cucharada de harina de lino
- 2 dátiles Medjool, sin hueso
- opcional: 1/2 cucharadita de jengibre fresco rallado
- tazas de jugo de naranja

INGREDIENTES

❖

❖

INSTRUCCIONES

1. Coloque todos los ingredientes en una licuadora de alta velocidad.

2. Licue a fuego alto hasta que quede suave. Opción de agregar más jugo de naranja según sea necesario para diluir las cosas.

3. Sirva el batido inmediatamente y cubra con sus ingredientes favoritos.

30 Batido de mango con leche dorada

ingredientes

- ❖ 1 cucharadita de cúrcuma (¡podría omitir esto por completo si desea un batido de mango simple!)
- ❖ Mango congelado 1 taza
- ❖ ¾ taza de yogur de cualquier tipo
- ❖ 1 plátano congelado o 1 taza de coliflor
- ❖ opcional: chorrito de leche o agua si necesita ayuda para poner en marcha la licuadora

instrucciones

1. En una licuadora de alta velocidad, combine todos los ingredientes y mezcle hasta que quede suave. Si es necesario, agregue más líquido, una cucharada a la vez, para que la licuadora funcione. Me gustan mis batidos en el lado más espeso, pero agrego un poco de leche / agua según sea necesario.
2. ¡Servir y disfrutar!

31 Batido de tarta de zanahoria

ingredientes

- ❖ 8 nueces

- ❖ 1 zanahoria grande, picada en trozos grandes (o rallada si no tienes una licuadora de alta velocidad)

- ❖ Zanahoria rallada extra fina para mezclar, opcional

- ❖ 1 cucharadita de canela

- Espolvorear nuez moscada, recién rallada es EXTRA delicioso
- 2 dátiles deshuesados
- ½ - 1 taza de líquido, por lo general uso leche no láctea y luego agrego agua si la quiero un poco más líquida
- 1 cucharadita de vainilla
- ½ de plátano congelado

instrucciones

1. En una licuadora de alta velocidad, mezcle todos los ingredientes (menos la zanahoria adicional) hasta que estén cremosos y suaves.
2. Si lo desea, agregue más zanahoria finamente rallada (¡muy recomendable!). Cubra con algunas nueces picadas y ¡DISFRUTE!

32 Batido de manzana y caramelo verde

ingredientes

- ❖ 1 manzana verde
- ❖ 2 puñados de verduras

- pizca de sal marina
- 1 cucharada de semillas de cáñamo
- 1 plátano congelado (podría omitir esto, pero sustituya por unos cubitos de hielo)
- leche de almendras (podría sustituir al jugo de manzana para un sabor a manzana más fuerte)
- una pizca de canela (o un par de pizcas)
- 2 dátiles deshuesados
- Salsa de caramelo vegana de Pinch of Yum

instrucciones

1. Agregue todos los ingredientes (menos el caramelo) a una licuadora de alta velocidad y mezcle a fuego alto.
2. Rocíe un poco de salsa de caramelo alrededor de su vaso y vierta el batido en el vaso.
3. Cubra con un poco más de salsa de caramelo y ¡DISFRUTE!
4. Come una cucharada de salsa de caramelo por cucharada;)

33 Batido de avena

Ingredientes

- ❖ 1/4 taza de avena a la antigua o avena rápida
- ❖ 1 plátano picado en trozos y congelado

- ❖ 1/2 taza de leche de almendras sin azúcar
- ❖ 1 cucharada de mantequilla de maní cremosa
- ❖ 1/2 cucharada de jarabe de arce puro más adicional al gusto
- ❖ 1/2 cucharadita de extracto puro de vainilla
- ❖ 1/2 cucharadita de canela en polvo
- ❖ 1/8 de cucharadita de sal kosher no se salte esto, ¡ya que hace que la avena explote!
- ❖ Hielo opcional, agregue al final si desea un batido más espeso

Instrucciones

1. Coloca la avena en el fondo de una licuadora y pulsa unas cuantas veces hasta que esté finamente molida. Agregue el plátano, la leche, la mantequilla de maní, el jarabe de arce, la vainilla, la canela y la sal.

2. Licue hasta que quede suave y cremoso, deteniéndose para raspar la licuadora según sea necesario. Pruebe y agregue edulcorante adicional si desea un batido más dulce. Disfrútelo de inmediato.

34 Batido de dátiles de arándanos

Ingredientes

- ❖ 2 plátanos medianos cortados en trozos y congelados (aproximadamente 8 onzas o 1 1/2 tazas en rodajas)

- 1 taza de arándanos congelados alrededor de 4 onzas
- 3 dátiles Medjool sin hueso más adicionales al gusto
- 1 cucharada de mantequilla de almendras más adicional al gusto
- 1/2 cucharadita de extracto puro de vainilla
- 1 taza de leche de almendras Almond Breeze Vainilla sin azúcar
- 2-3 cubitos de hielo opcional

Instrucciones

1. Coloque el plátano, los arándanos, los dátiles, la mantequilla de almendras, el extracto de vainilla y la leche de almendras en una licuadora de alta potencia (si no tiene una licuadora de alta potencia, recomiendo mezclar primero la leche y la mitad de la fruta congelada y luego disminuir la velocidad agregando el resto de la fruta y los ingredientes restantes).

2. Mezclar hasta que esté suave. Si desea que el batido sea un poco más espeso, agregue algunos cubitos de hielo y vuelva a licuar. Pruebe y agregue mantequilla de almendras adicional si desea que el batido sea un poco más rico u otro dátil si lo desea más dulce.
Verter y disfrutar

35 Batido de remolacha

Ingredientes

- ❖ 1/2 taza de leche de almendras sin azúcar o leche de su elección

- ❖ 1 taza de arándanos o bayas mixtas congeladas

- ❖ 1 remolacha pequeña pelada y cortada en cubitos (aproximadamente 8 onzas)

- ❖ 1/4 taza de piña congelada

- ❖ 1/4 taza de yogur griego natural sin grasa use yogur no lácteo para hacer vegano

- ❖ Edulcorante opcional: 1-2 cucharaditas de miel más un adicional al gusto (use agave para hacer vegano)

- ❖ Mezclas opcionales: semillas de chía, semillas de cáñamo y / o semillas de lino molidas (a mí me gusta la mía con una pizca de chía o semillas de cáñamo; semillas de cáñamo es lo que ves en las fotos); También me gusta agregar 2 cucharadas de avena para que el batido sea aún más abundante.

Instrucciones

1. Coloque la leche de almendras, los arándanos, la remolacha, la piña y el yogur griego en una licuadora de alta velocidad como una Vitamix (si no tiene una licuadora de alta velocidad, le sugiero que cocine en el microondas, rostice o cocine ligeramente al vapor las remolachas

antes) usar para que queden más suaves y se hagan puré más suavemente).

2. Mezclar hasta que esté suave. Pruebe y si desea un batido más dulce, agregue un poco de miel o dátil y vuelva a licuar. Disfrútelo inmediatamente o refrigérelo hasta por 1 día.

36 Batido de bayas y cúrcuma

Ingredientes

- 3/4 taza de leche de almendras vainilla sin azúcar o leche de su elección

- 2 tazas de espinacas tiernas aproximadamente 2 puñados grandes

- 1/2 taza de yogur griego natural sin grasa o yogur sin lácteos de su elección

- 3 cucharadas de copos de avena a la antigua

- 1 1/2 tazas de bayas mixtas congeladas Usé una mezcla de moras, arándanos y frambuesas

- 1/2 cucharadita de cúrcuma molida McCormick

- 1/4 cucharadita de jengibre molido McCormick

- 2-3 cucharaditas de miel o intercambie agave o jarabe de arce para hacer vegano, más adicional al gusto

Instrucciones

1. Coloque los ingredientes en una licuadora de alta potencia en el orden indicado: leche de almendras, espinacas, yogur, avena, bayas, cúrcuma, jengibre y 2 cucharaditas de miel.

2. Mezclar hasta que esté suave. Pruebe y ajuste la dulzura como desee. Si no tiene una licuadora de alta potencia, le recomiendo mezclar primero la leche de almendras, las espinacas y el yogur y luego agregar los demás ingredientes. Disfrútelo de inmediato.

37 Batido de aguacate y manzana limpiadora

Ingredientes

- 1 taza de leche de almendras sin azúcar
- 4 tazas de espinacas sueltas, aproximadamente 2 puñados grandes
- 1 aguacate mediano pelado y deshuesado
- 2 manzanas medianas del tipo que desee, peladas, sin corazón y en cuartos (si no usa una licuadora

de alta potencia como una Vitamix, córtelas en dados gruesos)

- ❖ 1 plátano mediano cortado en trozos y congelado

- ❖ 2 cucharaditas de miel o jarabe de arce más un adicional al gusto

- ❖ 1/2 cucharadita de jengibre molido o 1/4 de pulgada de jengibre fresco (si no usa una licuadora de alta potencia, pique primero el jengibre; use menos de 1/2 cucharadita si desea un sabor más sutil. Este batido tiene algo de cremallera!)

- ❖ Pequeño puñado de cubitos de hielo

- ❖ Adiciones opcionales: semillas de chía, linaza, proteína en polvo, mantequilla de almendras u otra mantequilla de nueces de su elección

Instrucciones

1. En el orden indicado, agregue la leche de almendras, las espinacas, el aguacate, las manzanas, el plátano, la miel, el jengibre y el hielo en una licuadora de alta potencia.

2. Mezclar hasta que esté suave. Pruebe y ajuste la dulzura y las especias como desee.
Disfrútelo de inmediato.

38 Batido de coco, chocolate y menta con chispas

INGREDIENTES

- ❖ 1 taza de leche de almendras, anacardos o coco sin azúcar

- ❖ 1/2 agua de coco (o más leche)

- 1-2 cucharadas de mantequilla de coco o coco congelado
- 1/2 a 1 taza de arroz de coliflor congelado
- 1 cucharada de proteína de chocolate en polvo
- 1 cucharada de semillas de chía
- 1/2 cucharada de cacao o cacao en polvo
- 4 a 5 hojas de menta fresca o 1 a 2 gotas de extracto de menta
- 1-2 cucharaditas de semillas de cacao
- granola, para cubrir (opcional)

INSTRUCCIONES

1. Licue todos los ingredientes excepto las semillas de cacao y la granola en una licuadora de alta potencia.

2. Mezclar hasta que esté suave. Agregue las semillas de cacao y mezcle un par de segundos más. ¡Vierta en un vaso, espolvoree con granola y semillas de cacao y disfrute!

39 Tazón de batido de bayas de maqui

INGREDIENTES

- ❖ 1 taza de leche de vainilla y almendras sin azúcar
- ❖ 1 taza de coliflor congelada
- ❖ 1 taza de arándanos congelados

- 1 cucharada de mantequilla de coco (la mantequilla de almendras también funciona)
- 2 cucharadas de proteína de vainilla en polvo
- 2 cucharadas de polvo de baya de maqui silvestre
- ingredientes de elección: bayas de goji, granola de maca superalimento, semillas de cacao, coco rallado sin azúcar, semillas de chía y fruta fresca

INSTRUCCIONES

1. Agregue los ingredientes en una licuadora de alta potencia en el orden indicado y mezcle hasta que quede suave y cremoso. Agrega más leche de almendras si quieres que la textura sea más fina. Sirve en un bol con tus ingredientes favoritos.

40 Bocaditos crujientes de chocolate y almendras

INGREDIENTES

- ❖ 2/3 taza de mantequilla de almendras (la mantequilla de almendras líquida de un frasco fresco funciona mejor) *

- 1/3 taza de jarabe de arroz integral
- 3 tazas de cereal crujiente de arroz integral con chocolate (como Nature's Path Koala Crisp)
- 1/4 taza de almendras picadas
- 1/8 taza de semillas de cacao o mini chips de chocolate vegano (opcional)

INSTRUCCIONES

1. Vierta la mantequilla de almendras y el jarabe de arroz integral en un tazón y revuelva para combinar.

2. Agregue cereal, almendras y semillas de cacao / chispas de chocolate si lo usa. Revuelva para cubrir uniformemente. Es posible que tarde unos minutos y el uso de las manos puede resultar útil. Si la mezcla no parece adherirse bien, puede agregar jarabe de arroz integral adicional (una cucharada a la vez).

3. Coloque el tazón en el refrigerador para permitir que la mezcla se asiente durante 5 a 10 minutos. Con las manos, tome 1-2

cucharadas de la mezcla y forme bolas. Si tiene problemas, intente usar las manos mojadas para enrollar las picaduras. Coloque las picaduras en papel pergamino. Transfiera los bocados al refrigerador hasta que estén listos para servir. ¡Disfrutar!

41 Batido de toronja

INGREDIENTES

- ❖ 1 pomelo rojo de Winter Sweets
- ❖ 2 tazas de trozos de piña congelados

- 1/3 taza de yogur griego
- 1 cucharada de aceite de coco
- Pomo de 1/4 de pulgada de jengibre fresco
- gajos de pomelo, bayas y granola (para cubrir)

INSTRUCCIONES

1. Divida la toronja en un tazón para que pueda recolectar todo el jugo. Ponga 2-3 gajos a un lado para cubrir. Agregue los gajos de toronja, el jugo de toronja, la piña congelada, el yogur griego, el aceite de coco y el jengibre fresco en una licuadora de alta potencia y mezcle hasta que quede suave. Pruebe y ajuste los ingredientes según sus preferencias. Si el batido es demasiado espeso, puede agregar un poco de leche no láctea.

2. Verter en dos vasos y disfrutar. O sirva en un tazón con sus ingredientes favoritos: gajos de pomelo, granola, bayas, etc.

42. Batido de camote morado pálido [icon coliflor!]

INGREDIENTES

- ❖ 1 taza de camote morado en cubos, precocido y congelado
- ❖ 1 taza de arroz de coliflor congelado *
- ❖ 1 taza de leche de coco sin azúcar **

- ❖ 1/2 cucharada de pasta de jengibre o 1
- ❖ 1 cucharadita de maca en polvo
- ❖ 1 dátil Medjool grande ***, sin hueso
- ❖ 1 cucharada de mantequilla de anacardo

INSTRUCCIONES

1. Agregue todos los ingredientes a la taza de la licuadora.
2. Mezclar hasta que esté suave.
3. Agregue más (o menos) líquido para obtener la consistencia deseada. Usé 1 taza de leche y estaba bastante espesa. Agregue más líquido o leche para beber a través de una pajita.

43 Batido de proteína de calabaza tailandesa [¡sin polvo!]

INGREDIENTES

- 1/3 taza All Whites 100% claras de huevo líquidas

- 2 dátiles Medjool, sin hueso (o con otro edulcorante como 1/2 cucharada de jarabe de arce)

- 1/2 taza de puré de calabaza * (opción de congelar en cubos)

- 1/2 cucharada de mantequilla de anacardo

- ❖ 1 cucharadita de especias para pastel de calabaza **
- ❖ 1/2 cucharadita de cardamomo molido
- ❖ 2/3 taza *** de leche de anacardo (o leche de su elección)

INSTRUCCIONES

1. Coloque todos los ingredientes en la taza de la licuadora comenzando con All Whites 100% claras de huevo líquidas, terminando con leche de anacardo. Vea las notas a continuación con respecto a la calabaza congelada versus la fresca y la cantidad de leche necesaria.
2. Mezclar hasta que esté suave.
3. Transfiera el batido de proteína de calabaza a una taza o taza de viaje, ¡disfrútelo!

44 Batido cremoso de jengibre y cítricos

INGREDIENTES

- ❖ 2 naranjas Navel, peladas y segmentadas
- ❖ 1/2 taza de leche de coco (o leche de su elección)

- ❖ 1 cubo de jengibre fresco de 1", sin piel y picado
- ❖ 1 taza de hielo

INSTRUCCIONES

1. Agregue todos los ingredientes en la licuadora; asegúrese de que sus naranjas estén segmentadas si prefiere un jugo de naranja sin pulpa. 2. Licue hasta que quede suave. Agregue más hielo o líquido para obtener la consistencia deseada.

45 Batido de dátiles con canela, cereza y bayas

INGREDIENTES

- ❖ 3/4 taza de cerezas rojas agrias congeladas (¡asegúrese de que estén deshuesadas!)

- ❖ 1/4 taza de arándanos congelados

- ❖ 1/4 taza de fresas enteras congeladas

- ❖ 2 dátiles Medjool, sin hueso

- 3/4 taza de leche de coco (o líquido de su elección, pero sugiero algo cremoso)
- 1 cucharadita de canela en polvo
- ½ cucharadita de jengibre molido (o un cubo fresco pelado de 1 ")
- complementos opcionales:
- 1 cucharada de corazones de cáñamo
- 2 tazas de verduras
- 2 porciones de proteína en polvo favorita * (aquí me gusta la vainilla o sin sabor)

INSTRUCCIONES

1. Agrega todo a la licuadora, comenzando con la fruta y terminando con el líquido y la proteína en polvo. Si usa NutriBullet, asegúrese de seguir el orden de los ingredientes enumerados.
2. Mezclar hasta que esté suave. Ajuste el líquido o agregue hielo para lograr la consistencia deseada.
3. Dividir en batido en dos vasos, ¡disfrútalo!

46 Batido de superalimento de energía púrpura

INGREDIENTES

- ❖ 1/3 taza de líquido de su elección (agua de coco, leche no láctea sin azúcar, agua)
- ❖ 1/3 taza de cerezas congeladas

- ❖ 1/3 taza de fresas enteras congeladas
- ❖ 1/4 taza de arándanos congelados
- ❖ 1 cucharadita de polvo de acai
- ❖ complementos opcionales:
- ❖ proteína en polvo
- ❖ mantequilla de nueces
- ❖ Espinacas
- ❖ linaza molida ❖ polvo de maca

INSTRUCCIONES

1. Agrega todos los ingredientes a tu licuadora. Si usa una licuadora pequeña como NutriBullet, agregue sus complementos al final. Mezcle los ingredientes hasta que quede suave. Ajuste el líquido según sea necesario a la consistencia deseada.

47 PAQUETE DE CONGELADOR BATIDO ANTIOXIDANTE

INGREDIENTES

- ❖ 1 taza (5 onzas) de bayas congeladas
- ❖ 1 plátano en rodajas

- 1/2 taza de espinacas tiernas
- 1 cucharada de semillas de lino
- 1 cucharada de cacao en polvo
- 1 cucharada de sirope de arce
- 1 taza de leche de almendras (más según sea necesario)
- 1 cucharada de péptidos de colágeno (opcional)

INSTRUCCIONES

Para hacer paquetes de congelador:

2. Coloque todos los ingredientes, excepto la leche de almendras, en una bolsa apta para congelador. Congele hasta que esté listo para usar, hasta 1 mes.

Mezclar:

3. Combine todos los ingredientes, incluida la leche de almendras, en una licuadora de alta velocidad.

4. Licue hasta que esté cremoso, agregando más leche de almendras si es necesario.

48 BATIDO DE CAFÉ CON PLÁTANO

INGREDIENTES

- ❖ 1/2 taza de leche de almendras sin azúcar o leche de su elección

- ❖ 1/2 taza de café orgánico recién hecho o café frío, colóquelo en el refrigerador durante 10 minutos

- 1 plátano congelado
- 1 cucharada de proteína en polvo (me gustan los péptidos de colágeno de proteínas vitales) ❖ 1/2 cucharada de semillas de chía
- Opcional: 1 cucharadita de miel o edulcorante a elección
- Opcional: un puñado de cubitos de hielo.

INSTRUCCIONES

1. Combine todos los ingredientes en una licuadora de alta velocidad.
2. Licue hasta que quede cremoso.
3. Pruebe y agregue edulcorante adicional si es necesario.

49 BATIDO DE FRUTAS DE VERANO DE SÚPER ALIMENTOS

INGREDIENTES

- ❖ 1/2 plátano congelado
- ❖ 1 kiwi, pelado
- ❖ 1/4 taza de piña congelada
- ❖ 1/2 taza de fresa congelada

- 1/4 taza de duraznos congelados
- 1/2 taza de frambuesa congelada
- 1 cucharadita de jengibre rallado, más al gusto
- 1 cucharadita de semillas de chía
- 2 tazas de leche de anacardo, o leche de nueces de su elección, agregue más según la consistencia deseada
- 1/4 cucharadita de canela, más para decorar
- Opcional: 1/4 taza de coliflor, congelada
- Opcional: 1 cucharadita de polen de abeja, mezclado o usado como guarnición
- Opcional: 1 cucharadita de semillas de lino molidas
- Opcional: 1 cucharada de proteína en polvo a elección

INSTRUCCIONES

1. Coloque todos los ingredientes en una licuadora de alta velocidad. Mezclar hasta que esté suave. Si es demasiado espeso,

agregue más líquido y mezcle por más tiempo. ¡Sirva de inmediato!

50 PAQUETE DE CONGELADOR BATIDO ANTIINFLAMATORIO

INGREDIENTES

- ❖ 1 taza (5 onzas) de mango congelado
- ❖ 1/2 taza (2 onzas) de floretes de coliflor congelados
- ❖ 1 plátano en rodajas

- 1 "trozo de jengibre fresco, pelado
- 1 "trozo de cúrcuma fresca, pelada
- pizca de pimienta negra fresca
- Pizca de canela
- 1 taza de leche de coco enlatada
- 1/2 taza de agua
- 1 cucharada de péptidos de colágeno (opcional)

INSTRUCCIONES

Para hacer paquetes de congelador:

2. Coloque todos los ingredientes excepto la leche de coco y el agua en una bolsa apta para congelador. Congele hasta que esté listo para usar, hasta 1 mes.

Mezclar:

3. Combine todos los ingredientes, incluida la leche de coco y el agua, en una licuadora de alta velocidad.

CONCLUSIÓN

Ya sea que esté buscando una manera de agregar algo de nutrición a su dieta diaria o que busque aprender más sobre batidos para comenzar su primera limpieza, ahora tiene algunas recetas y consejos excelentes para comenzar. Sin embargo, recuerde usar esto como una guía general. Una vez que aprenda a mezclar sabores, siéntase libre de hacer sus propias mezclas que se adapten a sus gustos y objetivos de salud.

Licue hasta que esté cremoso, agregando más agua si es necesario.

www.ingramcontent.com/pod-product-compliance
Lightning Source LLC
Chambersburg PA
CBHW070922080526
44589CB00013B/1405